Renate Jaeger
Noch einmal: Rechtsstaat und Gerechtigkeit

Schriftenreihe
der
Juristischen Gesellschaft zu Berlin

Heft 144

1996
Walter de Gruyter · Berlin · New York

Noch einmal: Rechtsstaat und Gerechtigkeit

Von
Renate Jaeger

Vortrag
gehalten vor der
Juristischen Gesellschaft zu Berlin
am 20. September 1995

W
DE
G

1996
Walter de Gruyter · Berlin · New York

Renate Jaeger
Richterin des Bundesverfassungsgerichts

⊗ Gedruckt auf säurefreiem Papier,
das die US-ANSI-Norm über Haltbarkeit erfüllt.

Die Deutsche Bibliothek – CIP-Einheitsaufnahme

Jaeger, Renate:
Noch einmal: Rechtsstaat und Gerechtigkeit : Vortrag gehalten
vor der Juristischen Gesellschaft zu Berlin am 20. September
1995 / von Renate Jaeger. – Berlin ; New York : de Gruyter,
1996
   (Schriftenreihe der Juristischen Gesellschaft zu Berlin ; H. 144)
   ISBN 3-11-015127-8
NE: Juristische Gesellschaft <Berlin>: Schriftenreihe der Juristischen
   ...

I.

Der Versuchung konnte ich nicht widerstehen: Hier in Berlin den Aus-
spruch einer Berlinerin zum Ausgangspunkt für meine Überlegungen zu
nehmen: „Wir haben Gerechtigkeit erwartet und den Rechtsstaat bekom-
men." Das Thema hat in den vergangenen fünf Jahren an Aktualität nichts
eingebüßt. Die Diskussion in allen ihren Facetten hat vielmehr an Drama-
tik eher zugenommen. Im Zeitpunkt der Wende und geprägt durch ein
Staatswesen der sozialistischen Gesetzlichkeit mag man die Enttäuschung
über die erlebte Realität des Einigungsprozesses so formulieren. Mich beunruhigt die Zustimmung, die Bürger und Politiker, auch Juristen in Ver-
bänden, Regierungen und in der Justiz – sozialisiert in der Bundesrepublik
Deutschland, also den alten Bundesländern – hierzu geäußert haben. Diese
Zustimmung spiegelt sich in direkten Bekenntnissen, aber vielleicht auch im
Niedergang der Entwicklung der öffentlichen Streitkultur in der letzten Zeit.

Ursprünglich hatte ich das Thema gewählt, weil ich vor den anmaßenden
Ansprüchen an den Rechtsstaat warnen wollte, der nunmehr leisten soll,
was die revolutionäre Stunde Null nicht vermochte; mein Blick galt dem
überforderten Rechtsstaat,

- der nach den eigenen Maßstäben nicht strafen kann für Taten, denen er nicht bereits
  Maßstab war –
- der nicht ungeschehen machen kann, was an Unrecht geschah –
- der Wiedergutmachungen nur im Rahmen des Möglichen kennt –
- und vor allem davor bewahrt werden muß, mit überzogenen moralischen Ansprüchen zum Instrument der Ausgrenzung zu werden.

Dabei hatte ich die Verfahren vor Augen, wo Menschen wegen der ihnen
vorgeworfenen Verstöße gegen die Grundsätze der Rechtsstaatlichkeit und
Menschlichkeit ihren Beruf verloren: Ist der Bruch der Vertraulichkeit des
gesprochenen Wortes ein solcher Verstoß? Sollte der Vorwurf nicht mehr
für den Holocaust, für Todesurteile und Gefangenenmißhandlung, für Fol-
ter, Isolation oder Freiheitsentziehung, für Zwangsadoptionen oder Zwangs-
sterilisationen stehen? Sollte der Vorwurf als gesetzlichen Tatbestand jede
Spitzeltätigkeit umschreiben, also das Geflecht von Verunsicherung, das die
von der Partei propagierte Identität von Volk und Staat erzwang?

Es schien mir wichtig, wieder zum rechten Maß zurückzufinden, das in
unserer kulturellen Identität zum unveräußerlichen Kernbestand des
Rechtsstaates zählt. In diesem Zusammenhang drängte es sich mir auf, daß
er in materieller Hinsicht nicht mehr sein kann als der sozusagen irdische
Teil des Dekalogs. Er verbietet das Töten und das Verleumden, schützt das
Eigentum und die Familie (Die Gebote 4 bis 10: Du sollst Vater und

Mutter ehren, Du sollst nicht töten, Du sollst nicht ehebrechen, Du sollst nicht stehlen, Du sollst nicht falsch Zeugnis reden, Du sollst nicht begehren Deines Nächsten Gut). Wer Rechtstreue jenseits der Gesetzestreue verlangt, darf sich durch überzogene Anforderungen an das menschliche Gewissen nicht unglaubwürdig machen, sonst wird der Rechtsstaat selbst unglaubwürdig.

Dies alles ist meine Sorge nicht mehr; jedenfalls ist diese Sorge in den Hintergrund getreten angesichts eines Klimawandels, der mir im letzten Jahr deutlich geworden ist.

Die Antinomie zwischen Gerechtigkeit und Rechtsstaat entsprach zunächst nur einer verbreiteten Stimmung im Beitrittsgebiet, wurde aber in der gesamten deutschen Öffentlichkeit inzwischen rezipiert und in den letzten vier Jahren erschreckend oft – ganz oder doch dem Grundsatz nach – zustimmend wiederholt, so als hätten wir den Rechtsstaat zwar erreicht, aber in den vierzig Jahren der Geltung des Grundgesetzes die Gerechtigkeit verfehlt, worüber uns erst die deutsche Einigung die Augen öffnete. Dem gilt es zu begegnen, an der Oberfläche – also in der juristischen Argumentation, was ich heute versuchen will – und in der Tiefe der Zeitströmung, wozu wir alle berufen sind, beruflich und in unserem gesellschaftlichen Umfeld. Die Verteidigung des Rechtsstaates sollte nicht spröde und technisch, gar mit schlechtem Gewissen abgewickelt werden, sondern mit der Überzeugung, die aus dem Herzen kommt. Ich möchte die Glut anfachen, die einmal Menschen bewegt hat, als sie für den Rechtsstaat stritten, für das was ihn ausmacht; als sie sich nicht auf materielle Inhalte im Sinne der vielfältigen Gerechtigkeitsvorstellungen beschränkten. Sie taten dies, damit sie getrost zu ihren jeweiligen – durchaus unterschiedlichen – Inhalten stehen konnten, weil der Rechtsstaat moderner Prägung diese Inhalte und die Personen achtet und schützt.

II.

Rechtsstaat und Gerechtigkeit stehen nicht im Gegensatz zueinander; sie sind als Symbiose zu sehen. Ohne den Rechtsstaat läßt sich Gerechtigkeit nicht verwirklichen, es sei denn eher zufällig und im Einzelfall. Zur Rechtsstaatlichkeit gehören die Voraussehbarkeit des Rechts, die Rechtssicherheit und die materielle Richtigkeit oder Gerechtigkeit (BVerfGE 7, 89, 92). Die Gerechtigkeit ist wesentlicher Bestandteil des Rechtsstaatsprinzips, eine der Leitideen des Grundgesetzes (BVerfGE 7, 194, 196). Diese Idee gilt es zu bewahren und zu verteidigen.

Aber wir wissen nicht wirklich, was Gerechtigkeit ist. Für diese Aussage können wir uns auf das jahrhundertealte und gescheiterte Bemühen der Philosophen um einen objektiv faßbaren Maßstab für Gerechtigkeit als Maxime staatlichen Handelns berufen. Die Richter verpflichten sich, mit ihrem Eid, nur der Wahrheit und Gerechtigkeit zu dienen. Aber das Stichwort „Gerechtigkeit" kommt in den Sachverzeichnissen der Grundgesetzkommentare nicht einmal vor.

Wer allerdings aus einem autoritären System kommt, mag den Begriff der Gerechtigkeit noch naiv verabsolutieren, als handele es sich um die Kehrseite des Unrechts, das man erlebt und erlitten hat. Unter den Schriften, mit denen in Massenauflagen sozialistisches Rechtsverständnis verbreitet wurde, befand sich eine von Klaus Heuer „Was ist gerecht, was ist ungerecht?". Bei uns schreibt Rüthers unter dem Titel: „Warum wir nicht genau wissen, was ,Gerechtigkeit' ist" (Festschrift für Zeidler, 1987, S. 19 ff.).

Wenn ich „mein Recht" suche, suche ich nicht nach der Gerechtigkeit, sondern verfolge ein Ziel, die Beseitigung einer mich treffenden Beschwer oder Genugtuung für erlittenes Unrecht. (Die Bilanz der strafrechtlichen Aufarbeitung des DDR-Unrechts ist dünn: 16 000 Ermittlungsverfahren, 180 Anklagen, 69 Urteile – BNN vom 10. September 1995.) Kann dies gemeint gewesen sein mit der Forderung nach Gerechtigkeit? Stand hinter der Forderung die ungebrochene Gläubigkeit, resultierend aus der Erziehung in einem totalitären System, daß es ein uniformes Gerechtigkeitsbild geben könne? Genau das entspräche dem Wesen autoritärer Weltanschauungen.

Entspricht solcher persönlichen Erfahrung nicht auch die Ablehnung des Rechtsstaats? Der Begriff war in der DDR durchaus anders besetzt als bei uns. Dem liberalen Rechtsstaat westlicher Prägung wurde schon in der ersten Verfassungsdebatte 1945 bis 1948 eine Absage erteilt. Während der zweiten Rechtsstaatsdiskussion in der Zeit von 1961 bis 1968 verkündete das Parteiprogramm des VI. Parteitages der SED 1963 offiziell: „Unser Staat, der Gerechtigkeit gegenüber jedermann übt, der – zum ersten Mal in der deutschen Geschichte – Freiheit, Gleichberechtigung und Menschenrechte seiner Bürger achtet und sichert, ist der deutsche Rechtsstaat." Ebenso hieß es auf dem VII. Parteitag 1967, daß der volksdemokratische Staat die politische Organisation des Volkes sei: „Die DDR ist der demokratische deutsche Rechtsstaat." Der hieraus entwickelte sozialistische Rechtsstaatsbegriff erhielt erst in der Vorwendezeit ab 1988 andere Konturen. Der alte Begriff des Rechtsstaats war eher eine Leerformel; er war für die Gegner des Regimes durchweg und für viele Reformwillige in der dritten Rechtsstaatsdebatte ab 1988 negativ besetzt.

Zugleich versprach das System Gerechtigkeit: „Unser Recht ist das Recht auf freundschaftliche Zusammenarbeit, der gegenseitigen Hilfe und der gegenseitigen Achtung ... Zum Wesen des sozialistischen Rechts gehört die Gerechtigkeit, eine wahre Gerechtigkeit, die nicht nur eine papierne Formel ist" (Ulbricht vor der Volkskammer am 4. Oktober 1960, zitiert nach Heuer, Die Rechtsordnung der DDR, S. 59). Diese Beschwörung der Gerechtigkeit wurde in der Wendezeit in Frage gestellt. Denn das sozialistische Recht war Mittel zur Verwirklichung der Politik der Partei. Mit Hilfe des Rechts wurde politische Macht gesichert. Recht war Mittel der Politik, Mittel der Erziehung. Es erschien einfach und verständlich. Es postulierte eine Interessenübereinstimmung zwischen dem Volk und seinem eigenen Staat mit der Folge, daß es subjektive Rechte gegen den Staat nicht gab. Das Wesen der sozialistischen Gesetzlichkeit bestand in der dialektischen Einheit von strikter Einhaltung des Gesetzes und Parteilichkeit in seiner Anwendung.

Die Folgen eines solchen Rechts entsprachen zur Wendezeit nicht mehr den Gerechtigkeitsvorstellungen der Bevölkerung; damals vereinte die Ablehnung alle Gegner des DDR-Machtapparates in ihrer Gegnerschaft, ohne daß einheitliche Zielvorstellungen zur Gerechtigkeit notwendig waren. Gerecht war jeweils das andere. Ein solcher revolutionärer Zustand befestigt in der Überzeugung, man wisse was gerecht ist. Schlink (Rechtsstaat und revolutionäre Gerechtigkeit, NJ 1994, S. 433, 436) hat auf die Bedeutung der ungebundenen, revolutionären Gerechtigkeit hingewiesen, die – von rechtsstaatlichen Beschränkungen frei – die Stunde der „reinen Gerechtigkeit" sein kann. In der Rückschau ist der Bruch mit einem ungerechten Regime jedoch nie denkbar, ohne daß die Vollstrecker der reinen Gerechtigkeit sich die Hände schmutzig machten. Vermeidet man solche revolutionäre Gerechtigkeit, darf man vom Rechtsstaat und seiner Gerechtigkeit nicht denselben Erfolg erwarten.

Gerechtigkeit kann von uns also nicht in diesem revolutionären Sinne verstanden werden. Ich will daher versuchen, das ethische Minimum zu definieren, das als Basis des Normenstaates einer verfaßten Gesellschaft im Sinne eines Näherungswertes diesen Anspruch erhebt. Dabei wird es auch mir nicht gelingen, die Gerechtigkeit als feststehende Größe zu beschreiben. Denn es gibt ganz unterschiedliche persönliche Gerechtigkeitsempfindungen, die durch soziale, kulturelle, religiöse und weltanschauliche Vorverständnisse geprägt werden. Der Anspruch an die Allgemeinverbindlichkeit einer Gerechtigkeitsvorstellung ist für Andersdenkende stets gefährlich, insbesondere dann, wenn sie mit dem Anspruch auftritt, andere, von anderen ebenso absolut empfundene, Gerechtigkeitsvorstellungen zu bekämpfen. Wahrheitsgewißheit einerseits und Intoleranz andererseits treten in der Menschheitsgeschichte meist als Zwillinge auf, hat Rüthers formuliert. Die Konkurrenz absoluter Gewißheiten über das, was allein wahr und richtig ist, kann nur im liberalen Verfassungsstaat unter humanen Bedingungen aufrechterhalten, gewährleistet und erträglich gemacht werden.

Es hat zu allen Zeiten unterschiedliche Vorstellungen über das gegeben, was als gerecht empfunden wird. Meine Kollegin Seibert hat in ihrem Vortrag zu diesem Thema im Oktober 1993 darauf hingewiesen, daß die Ständegesellschaft lange Zeit als gerecht angesehen wurde; selbst die Sklaverei wurde zeitweise als gerecht verteidigt. Als vor 200 Jahren die ersten großen Menschenrechtsproklamationen entstanden, empfanden deren Verfasser es als gerecht, daß die darin anerkannten Rechte der Frau nicht zustehen sollten. Indessen beweisen diese Aussagen nicht, daß sie auf einer allgemeinen Vorstellung der „Gerechtigkeit" beruhten; das gilt nicht zuletzt deshalb, weil man nur die Herrschenden danach gefragt hat; nur sie konnten sich äußern zur „gerechten Sklaverei", zum „gerechten Krieg" und zur „gerechten Ständegesellschaft". Erst wenn sich alle Stimmen zu Gehör bringen können, entfalten sich wirklich Gerechtigkeitsvorstellungen, denen immer auch die Möglichkeit der Wandlung innewohnt im Sinne eines Wettbewerbs der Gerechtigkeiten. Andererseits ist es historisch richtig, daß es sogar revolutionäre Umschwünge bewirkt, wenn neue Gerechtigkeitsvorstellungen Anhänger in großem Stil gewinnen. Auch der Einigungsprozeß beweist dies.

III.

Ich will daher aufzeigen, wie das Rechtsstaatsprinzip als eines der elementaren Prinzipien des Grundgesetzes in zahlreichen Vorschriften eine nähere Konkretisierung erfahren hat, die zum Teil formaler und zum Teil materieller Natur sind. Materieller Natur ist die prinzipielle Gewährleistung persönlicher Grundrechte, die Freiheitsräume gegenüber dem Staat absichern; der formelle Rechtsstaat gibt der staatlichen Ordnung Maß und Form im Sinne von Gewaltenteilung, im Sinne des Vorrangs von Verfassung und Gesetz; der Rechtsstaat gewährleistet Rechtsschutz gegenüber der öffentlichen Gewalt und Entschädigung bei staatlichen Eingriffen, wobei der Rechtsschutz durch die Garantie des gesetzlichen Richters, durch das Gebot rechtlichen Gehörs und des fairen Verfahrens zur Herstellung von Gerechtigkeit befähigt werden soll.

Wir finden also das Stichwort „Gerechtigkeit" in den Kommentierungen zum Grundgesetz vor allem deshalb nicht mehr, weil es sich im Rechtsstaatsprinzip verbirgt. Im Rechtsstaat fassen wir die Summe der Teilelemente zusammen, in denen Gerechtigkeit heute allgemein anerkannt ist und die sich auch verwirklichen lassen. So bekennt sich die Verfassung in Art. 1 GG zur unantastbaren Menschenwürde, die zu achten und zu schützen Verpflichtung aller staatlichen Gewalt ist. Die Gewährleistung wird durch die nachfolgenden Grundrechte konkretisiert. Dabei bekennt sich der Verfassunggeber in Absatz 2 zu unverletzlichen und unveräußerlichen Menschenrechten als Grundlage jeder menschlichen Gesellschaft, des Friedens und der *Gerechtigkeit* in der Welt. (Allerdings sucht man auch insoweit in den Kommentaren vergeblich nach speziellen Informationen zum Begriff der Gerechtigkeit.)

Man sollte annehmen, daß gerade für solche Menschen, deren Rechtssystem unter dem Primat der Politik stand, der Wechsel in den Rechtsstaat, wie er im Grundgesetz vorgeformt ist, Wunsch und Ziel ist. Grundrechte im Sinne objektiven Rechts kannte auch die DDR. Aber alle verfahrenssichernden Regelungen waren ihr fremd. Die Verheißung materiellen Rechts in Gestalt individueller subjektiver Rechte kann sich nur im gesicherten Verfahren verwirklichen.

Der materiell verstandene Rechtsstaat wird dadurch geprägt, daß auch der Gesetzgeber an materielle Maßstäbe gebunden wird. Auch das kommt schon in Art. 1 Abs. 3 GG deutlich zum Ausdruck, weil die Grundrechte auch den Gesetzgeber binden. Sogar der verfassungsändernde Gesetzgeber wird in der sogenannten Ewigkeitsklausel des Art. 79 Abs. 3 GG an einige elementare Grundsätze gebunden: Das Gebot, die Menschenwürde zu achten, das Bekenntnis zu unveräußerlichen Menschenrechten und die wesentlichen Strukturprinzipien der freiheitlichen Demokratie sind einer Änderung entzogen.

Die Verfassung wird also – für die Dauer ihrer Geltung – in Teilbereichen absolut und in anderen Bereichen prozedural gesichert, und zwar in ihrem materiellen Bestand sogar gegen den jeweiligen Souverän, das Parlament, gegen den Gesetzgeber.

Verfassungs*ändernde* Gesetze müssen dies ausdrücklich tun. Es wird der Grundsatz der Urkundlichkeit der Verfassungsänderung festgelegt. Eine weitere verfahrensmäßige Sicherung besteht darin, daß Verfassungsänderungen nur mit einer qualifizierten Mehrheit der gesetzgebenden Körperschaft beschlossen werden können (Art. 79 Abs. 2 GG). Beim Gesetzgebungsnotstand ist sogar jede Verfassungsänderung verboten (Art. 81 Abs. 4 GG).

Daneben finden wir die Verfahrenssicherung im Zusammenhang mit der *Einschränkung* von Grundrechten in Art. 19 GG. Das Zitiergebot soll sicherstellen, daß nur wirklich gewollte Eingriffe in die Grundrechte erfolgen und daß sich der Gesetzgeber über die Auswirkungen seiner Regelungen für die betroffenen Grundrechte Rechenschaft ablegt. Eine öffentliche Debatte wird hierdurch unvermeidlich; schon das wirkt sich aus, entweder präventiv – die Debatte verhindert die Änderung –, oder gestaltend – die Debatte greift die Gegenargumente auf und läßt sie in das Vorhaben eingehen. Auch bei den Grundgesetzeinschränkungen ist der Souverän gebunden. Er muß dem Grundrecht als solchem und den in ihm enthaltenen Wertentscheidungen und Prinzipien Bestand lassen. Im Rechtsstaat sind die Befugnisse der ersten Gewalt nicht unumschränkt.

Solche Bindungen allein können Gerechtigkeit nicht herstellen. Sie sollen jedoch – aus historischer Erfahrung – Einbruchsstellen für das Unrecht in der Gestalt des Rechts vermeiden helfen. Das Recht der Mehrheit wird gezügelt. Denselben Effekt hat die verfassungsgerichtliche Kontrolle der parlamentarischen Mehrheitsentscheidungen. Das Bewußtsein für die Notwendigkeit solcher Kontrollen scheint im Schwinden begriffen. Wir haben in letzter Zeit Mehrheiten lautstark den Schutz vor der Störung durch Minderheiten einfordern können. Dahinter steht die Auffassung, daß die Mehrheit der Garant für das Recht ist – ein Symptom für die Erosion des Rechtsstaatsbewußtseins. So wie jeder ein Fremder ist – fast überall auf der Welt, so ist auch jeder ein Teil der Minderheit – fast immer. Es wird nur gerne vergessen, wenn man sich gerade in der Mehrheit stark fühlt.

IV.

Von besonderer Bedeutung für das angestrebte Ziel einer institutionellen Gerechtigkeit als Voraussetzung für individuelle Gerechtigkeit sind die verfahrensmäßigen Grenzen und Kontrollmechanismen, wie sie schon den rein formellen Rechtsstaat kennzeichneten. Staatliche Machtausübung muß geteilt werden, so daß die einzelnen Machtinhaber sich gegenseitig kontrollieren und in Grenzen halten. Die Einhaltung dieser Grenzen ist unabhängigen Richtern in Bindung an Gesetz und Recht übertragen.

Aus den Forschungen der Rechtshistoriker wissen wir, daß kein Recht bisher dem Mißbrauch durch die Macht getrotzt hat. Ob die Schuld dem Positivismus oder den allgegenwärtigen Generalklauseln, ob sie dem Mangel an Wertekonsens oder dem Verlust der naturrechtlich abendländischen Mitte zugeschrieben wird, bleibt sich gleich. Wir wissen auch, daß es bereits im Mittelalter Versuche gegeben hat, die ordnungsgemäße Rechtsfindung durch das richtige Verfahren und nicht durch die Inhalte auszuweisen. Wir wissen, daß es schon früh den Versuch gegeben hat, durch Satzungsautonomie, also durch relative Nähe der Rechtsunterworfenen zum Rechtssetzungsgremium, der Gerechtigkeit näherzukommen. Geschichtlich haben Hierarchisierung (Instanzenzug) und Formalisierung des Verfahrens immer mehr zugenommen, verbunden mit der Hoffnung auf eine Rationalisierung des Entscheidungsprozesses.

Rechtshistorische Erkenntnisse bestätigen nach meiner Auffassung, daß die prozedurale Gerechtigkeit für die richtige Rechtsgewinnung also auch für das materiell gerechte Ergebnis von höchster Bedeutung ist. Hierzu gehören die richterliche Unabhängigkeit, das rechtliche Gehör, der Grundsatz der Öffentlichkeit des Verfahrens und der Instanzenzug. Ich will diese Elemente hier nicht gleichmäßig gewichten, sondern zwei herausgreifen: Öffentlichkeit (1) und richterliche Unabhängigkeit (2).

(1) Die Öffentlichkeit ist eine der notwendigen Bedingungen für gerechte Entscheidungen. Öffentlichkeit kann sowohl die Forderung nach einem transparenten Verfahrensablauf umfassen – hiergegen verstoßen wir im Bundesverfassungsgericht, wenn wir aus Zeitmangel so selten mündlich verhandeln. Öffentlichkeit bedeutet auch die Gewährung von Teilhabemöglichkeiten am Entscheidungsprozeß durch Außenstehende. Geheimverfahren, wie sie kürzlich Rudi Beckert (Die erste und letzte Instanz, 1995) aus der Zeit von 1950 bis 1972 vor dem obersten Gericht der DDR

beschrieben hat, verfehlen nicht nur die Gerechtigkeit, sondern münden zwangsläufig im Unrecht. Öffentlichkeit erreicht das Ziel der Absicherung von Gerechtigkeit dadurch, daß Kontrolle ausgeübt wird. Es geht um die kritische Öffentlichkeit, die die Einhaltung der formellen und materiellen Spielregeln garantiert. Es geht nicht nur um die präsente und kompetente Öffentlichkeit, die Rechtsgewinnung inhaltlich begleitet und Gegenpositionen bezieht; es geht auch um die potentielle Öffentlichkeit, die Richter und sonstige Verfahrensbeteiligte in ihre Schranken verweist.

Öffentlichkeit bedeutet zugleich Begründungszwang und das Veröffentlichen von Entscheidungen; Gerichte stellen sich der Kritik und damit dem gesellschaftlichen Dialog; das gilt in besonderem Maße für das Bundesverfassungsgericht. Offene Kritik trägt zur besseren Erkenntnis und zur Fortbildung des Rechts bei, ist letztlich das Element, das für die Rechtsuchenden die Unterwerfung unter den Richterspruch überhaupt erst erträglich macht. Die Ohnmacht gegenüber der Kritik, auch gegenüber der unsachlichen Kritik ist in gewisser Weise der Preis, den die Richter für ihre Unabhängigkeit zahlen.

(2) Diese richterliche Unabhängigkeit ist aber für den Rechtsstaat von besonderer Bedeutung: Die Richter sind unabhängig und nur dem Gesetz unterworfen (Art. 97 Abs. 1 GG). Hiermit wird die von der Sache geforderte Unparteilichkeit zwar nicht garantiert, sie wird jedoch gefördert. Die Unabhängigkeit soll bestimmte sachfremde Einflüsse ausschließen, um damit zumindest den äußeren Rahmen für ein unparteiliches, also sachbezogenes Urteil zu gewährleisten. Es handelt sich um eines der zentralen Justizgrundrechte unserer Verfassung und wurde entwickelt, um den Einfluß der Exekutive zurückzudrängen.

Die institutionelle Unabhängigkeit garantiert jedoch die innere Unabhängigkeit der Richter nicht; vielleicht schwächt sie die innere Unabhängigkeit sogar, weil die Justiz dem ängstlichen Juristen attraktiv erscheint. Der Richter muß um seine Unabhängigkeit nicht kämpfen, er „besitzt" sie sozusagen; sie ist ihm als Recht verbürgt. Aber ist sie ihm auch eigen? Vielleicht bräuchten wir doch neue Institutionen, um innere Unabhängigkeit zu sichern.

- Vielleicht stärkt die öffentliche Beratung, wie sie das Prozeßrecht der Schweiz kennt, die innere Unabhängigkeit.
- Vielleicht stärkt auch das Offenlegen von Beratungsergebnissen die innere Unabhängigkeit, selbst ohne Recht zum Dissenting.
- Vielleicht wird man unabhängig, wenn man zuvor der Justiz als Rechtsanwalt ausgesetzt war.
- Vielleicht fördert es die innere Unabhängigkeit sogar, wenn Richter nur auf Zeit gewählt werden.

Ich äußere diese Vermutungen, weil mir jedenfalls evident erscheint, daß man die benannten Verfahren – die herkömmlich als Gefährdungen der

Unabhängigkeit wahrgenommen werden – nur aushält, wenn man eine gewisse innere Stärke mitbringt. Vielleicht lassen wir zu sehr außer Betracht, daß solche Zumutungen die innere Unabhängigkeit institutionell bei der Rekrutierung des Nachwuchses sichern könnten.

Von welcher Bedeutung die Unabhängigkeit des Richters für eine funktionierende Rechtspflege ist, belegt nicht zuletzt die Ausstellung über die SED-Justiz „Im Namen des Volkes", jetzt in Karlsruhe, die 1994 auch in Berlin zu sehen war. Sie macht deutlich, daß die Menschen „in das System gepreßt wurden durch Institutionen, die schamlos so taten, als hätten sie auch nur die geringste Ähnlichkeit mit einer unabhängigen Justiz", um mit Hanno Kühnert (DIE ZEIT vom 7. Juli 1995) zu sprechen. Wenn die gelenkte Einheitlichkeit und die Erziehungsziele der Justiz verharmlosend dahin beschrieben werden, daß das Recht einheitlicher und überschaubarer gewesen und vom Richter überwiegend nur Krisenmanagement verlangt worden sei, so verkennt eine solche Sichtweise noch immer die zur Herstellung von Gerechtigkeit konstitutive Bedeutung richterlicher Kontrolle. Die Justiz der DDR war – nicht nur in politischen Prozessen – gelenkt durch Weisungen, Leitungsdokumente, sogenannte operative Tätigkeit und durch Einflußnahme auf die konkrete richterliche Zuständigkeit. Genau so funktionierte nach allen historischen Erkenntnissen auch die Justiz des NS-Staates, die sich dennoch – nach außen – als unabhängig bezeichnete. Vielleicht brauchen die systemimmanent funktionierenden Personen ein solches Etikett besonders dringlich, um der eigenen Selbstachtung willen. Unabhängigkeit meint somit mehr als die institutionelle Garantie.

Sie meint eine Geisteshaltung, umschreibt den richterlichen Auftrag, sich des subjektiven Vorverständnisses, der Vorurteile und der verfahrensfremden Einflüsse bewußt zu werden. Die Vergegenwärtigung des Unrechts, das in totalitären Systemen im Namen des Rechts angerichtet wird, muß uns darin bestärken, eine unabhängige Justiz, das sind unabhängige Gerichte und eine starke unabhängige Anwaltschaft, als Garanten des Bemühens um Gerechtigkeit zu verstehen. Ein Systemvergleich, der die Orientierung einer freiheitlichen Rechtsprechung an herrschenden Meinungen und das Einschwenken auf höchstrichterliche Rechtsprechung im Rechtsstaat der gelenkten Justiz gleichsetzt, verfehlt den Wesensgehalt der richterlichen Unabhängigkeit. Wieviel herrschende Meinungen sind nicht durch hartnäckige Rechtsanwälte und die Untergerichte und mit Unterstützung der Wissenschaft zu Fall gebracht worden? Kein Richter wird zur Aufgabe seiner Überzeugung gezwungen; der Wandel des Rechts entwickelt sich im Diskurs der Instanzen. Dabei soll nicht bestritten werden, daß es Einschüchterungsversuche durch Parlamente und Exekutive geben kann, die den Weg der Mobilisierung von Öffentlichkeit oder den der persönlichen Einflußnahme wählen. Andererseits beweist aber gerade die kritische öffentliche Resonanz auf Urteile aller Instanzen, daß der unabhängige Richter kein Phantom ist.

Wenn in Italien soeben den Untersuchungsrichtern die persönliche und sachliche Unabhängigkeit aberkannt werden soll, nachdem sie nachhaltig gegen exponierte Vertreter aus Regierung und Parlament ermittelt haben (vgl. Neue Züricher Zeitung vom 11. September 1995 und BNN vom 10. September 1995), wird deutlich, welch hohes Gut auf dem Spiel steht. In Italien macht sich zur Zeit die Öffentlichkeit für die Unabhängigkeit ihrer Richter stark. Bei uns wird hingegen die Öffentlichkeit gezielt vor der Macht der Richter gewarnt – von einer Exekutive, die Machtverlust befürchtet durch eine Kontrolle, die gerade aus historischer Erfahrung zur Machtbalance gegen Parlament und Exekutive im Verfassungsstaat eingeführt worden ist.

V.

Anhand einiger weniger Beispiele möchte ich abschließend belegen, warum ich mich darum sorge, daß der Konsens über die fundamentale Bedeutung der Essentialia des Rechtsstaats erhalten bleibt:

Nach unliebsamen Entscheidungen erreichen uns im Bundesverfassungsgericht nicht nur Drohungen und Rücktrittsforderungen; auch der Bundespräsident wird aufgefordert, die „schuldigen" Verfassungsrichter zu entlassen. Im Falle Deckert forderten nicht nur ahnungslose Bürger, sondern auch Rechtspolitiker die Gerichtsleitung oder gar das Präsidium auf, in den Geschäftsverteilungsplan einzugreifen oder jedenfalls den Richter an ein anderes Gericht zu versetzen. Der gesetzliche Richter scheint uns nur so lange lieb zu sein, als seine Urteile oder Fehlurteile kein Aufsehen erregen. Parlamentarier aus Bund und Ländern spekulieren in Briefen und in öffentlichen Verlautbarungen darüber, daß den gesetzgebenden Körperschaften gegenüber dem Bundesverfassungsgericht der Letztentscheid zustehen müßte, oder daß jedenfalls Länderkompetenzen keiner bundesverfassungsgerichtlichen Kontrolle unterliegen dürften.

Legt aber das Verfassungsgericht einen Sachverhalt wieder in die Hände des Gesetzgebers zurück, ist es den Verantwortlichen – sie werden es hierdurch wieder – auch nicht recht. So geschehen im sogenannten Sitzblockade-Beschluß, der ausdrücklich ausspricht, daß es Sache des Gesetzgebers sei, die Strafbarkeitslücke zu schließen. Der strenge Gesetzesvorbehalt des Art. 103 Abs. 2 GG stellt bei Strafvorschriften sicher, daß die Normadressaten vorhersehen können, welches Verhalten verboten und mit Strafe bedroht ist. Damit wird gewährleistet, daß die Entscheidung über strafwürdiges Verhalten im voraus vom Gesetzgeber und nicht erst nachträglich von der vollziehenden oder der rechtsprechenden Gewalt gefällt wird. Zweimal war die Frage nach der Verfassungsmäßigkeit der Ausweitung des

Gewaltbegriffs offengeblieben (4 : 4 – BVerfGE 73, 206), ein Tätigwerden des Gesetzgebers war sogar leise angemahnt worden (BVerfGE 76, 211, 216). Nichts geschah – oder vielleicht doch: Die Strafverfolgungsbehörden entschieden weiter nach Gutdünken, wann friedliches Blockieren strafwürdig war. Das wird selbst vom 4. Strafsenat des Bundesgerichtshofs in seiner Stellungnahme zugestanden. (Fernziele wurden sehr unterschiedlich gewichtet; bei Betriebsstillegungen oder Fernfahrerprotesten wurde von Strafverfolgung abgesehen.) Beunruhigend ist die Rezeption der Entscheidung in der Öffentlichkeit. Was früher mit 4 : 4 Richterstimmen gehalten wurde, hatte ausreichende Legitimation. Eine Entscheidung 5 : 3 wird hingegen als zu knappe Mehrheit empfunden. Die ebenso knappe Bestätigung der Grundgesetzergänzung zum Brief-, Post- und Fernmeldegeheimnis im sogenannten Abhörurteil (BVerfGE 30, 1) wurde ähnlich gescholten: Verfassungswidrige Verfassungsrechtsprechung (Häberle, JZ 1971, S. 145), damals aber von der Wissenschaft – die Politik war sich ja weitgehend einig.

Mich beunruhigt vor allem, daß nicht einmal die Parlamentarier den ihnen zugewiesenen Kompetenzzuwachs begrüßt haben. Sie lehnen die eigene Verantwortung für den vorgefundenen Zustand ab. Sie schelten das Verfassungsgericht dafür, daß es angeblich den Sachverhalt als nicht straf*würdig* bezeichnet habe. Genau dies ist aber nicht geschehen. Die Entscheidung besagt nur, daß die Straf*barkeit* bisher nicht vom Gesetzgeber festgelegt worden sei.

Für 45 Jahre Rechtsstaatserfahrung nach 12 Jahren NS-Erfahrung einerseits und nach 40 Jahren DDR-Erfahrung andererseits ist diese Rezeption befremdlich. Richterrecht im Strafrecht ist eine der gefährlichsten Einbruchsstellen für ideologische Veränderungen des Rechts. Besonders gefährlich wird es, wenn eine politisierte Öffentlichkeit dazu nickt. In der NS-Zeit und in der DDR wurde mit unbegrenzter Auslegung das Strafwürdige erst durch die Richter geschaffen. Es darf doch wohl zum rechtsstaatlichen Hausgut gezählt werden, daß dem vorzubeugen ist, indem der parlamentarische Gesetzgeber Entscheidungen trifft. Sonst werden zwei fundamentale Grundsätze zur Wahrung von Gerechtigkeit aufgegeben: nämlich die Gewaltenteilung und die Urkundlichkeit = Öffentlichkeit der Straftatbestände. Man wird es als reine Schutzbehauptung abtun dürfen, wenn sich die Legislative durch überzogene verfassungsgerichtliche Kontrolle der Gesetze eingeengt und in den Gestaltungsmöglichkeiten beschnitten sieht, wenn sie andererseits in umstrittenen Fragen ganz deutlich macht, daß sie die Entscheidung gar nicht treffen will. Das wird vielfach dadurch belegt, daß sich die Parlamentarier durchaus nicht scheuen, das Verfassungsgericht anzurufen, daß sie dies in den politischen Handel einbringen und daß die Drohung mit dem Bundesverfassungsgericht bereits im Vorfeld zur Waffe der politischen Auseinandersetzung wird.

Wie immer dann hochstreitige Prozesse entschieden werden, es kann große Teile der Öffentlichkeit nicht befriedigen. Einem Gericht vorzuwerfen, es verfehle den Konsens, verkennt die Aufgaben der Richter bei der Herstellung von Gerechtigkeit. Ihr Teil ist Konfliktentscheidung, wo Konsens nicht herstellbar war.

Im Interesse der gemeinsamen Suche nach der Gerechtigkeit, einer Gerechtigkeit, die unter den jetzigen gesellschaftlichen Gegebenheiten mit der Verfassung in Einklang steht, ist Kritik nicht nur von der Rechtswissenschaft, sondern auch von Politikern und anderen öffentlichen Funktionsträgern durchaus erwünscht. Wenn jedoch die zunehmende Schärfe der politischen Auseinandersetzung Züge bösartiger und verleumderischer Urteilsschelte annimmt, wenn Inhalte nicht zur Kenntnis genommen oder wider besseres Wissen anders verbreitet werden, wird auch bei Bürgern und Rechtsuchenden die Bereitschaft, richterliche Entscheidungen zu akzeptieren, sie wenigstens zu respektieren, verlorengehen. Die Gefährdung des Rechtsstaates durch den Verlust solcher Grundwerte ist evident. So viel zu den Aufregungen um den sogenannten Kruzifix-Beschluß.

Es wird hierin deutlich, daß unter dem Mantel der Grundwertediskussion anderes propagiert wird. Wenn man den Eindruck gewinnen muß, daß Zielkonflikte unmittelbar auf die Herrschaftsgrundlage durchschlagen, liegt die Annahme nahe, daß ein Totalkonsens erwartet wird, der an sich totalitäre Regime kennzeichnet. Selbst Rüthers, den ich wegen seiner scharfsinnigen Analyse zu den Bedingungen der Gerechtigkeit gerne zitiert habe, verläßt sich nicht mehr auf die Pluralität der Meinungen; er gelangt am Ende seiner Betrachtungen über eine von ihm beobachtete Vitalität des christlich-religiösen Weltbildes dazu, die Garantie der Ewigkeitsklausel des Art. 79 Abs. 3 GG mit religiösen Werten aufzufüllen. Er scheint den normativen Institutionenbegriff nun doch gegen den metaphysischen eintauschen zu wollen. Ich bin erleichtert, daß die heftige Debatte inzwischen erkennen läßt, daß die Grundwerte unserer Verfassung, denen der Rechtsstaat materiell verpflichtet ist, nicht nur mit religiösen Argumenten verteidigt werden. Denn unsere Verfassung beruht auf einem Grundkonsens, der einen Vorrat an Gemeinsamkeiten enthält, die in der Verfassung – aber eben dort – niedergelegt sind; vor allem beruht dieser Grundkonsens aber darauf, daß die Frage der Wahrheiten, der richtigen Politikentscheidungen innerhalb des Verfassungsrahmens offengeblieben ist. Es gibt eine Konkurrenz der Meinungen, die die Mehrheitsentscheidungen erträglich macht, weil Mehrheiten wechseln können. Minderheiten werden nicht übergangen oder ausgeschaltet; sie können zu Mehrheiten werden. Deshalb ist die Mehrheit weder dazu berechtigt, die Mehrheitsregel abzuschaffen, um ihrer eigenen Ablösung vorzubeugen, noch darf sie Minderheiten in ihren gleichen privaten und politischen Rechten verkürzen. M. E. sollte der Grundkonsens, sofern er nicht durch die Grundwerte der Verfassung be-

schrieben werden kann, weiterhin inhaltlich nicht definiert werden. Grundkonsens sollte sich ausdrücken im Stil der politischen Auseinandersetzung,
der insbesondere die Verfahrensregularien der Verfassung respektiert und
durch die Offenheit gegenüber der Pluralität der Meinungen mitsamt der
Anerkennung der Meinungsfreiheit gerade auch für Außenseiter; diese
Offenheit läßt sich auch im fairen Umgang mit neuen und/oder kleinen Par-
teien beweisen.

VI.

Zusammenfassend wird man feststellen dürfen, daß die formalen Anforderungen an staatliches Handeln, die aus der Rechtsstaatsidee entwickelt
worden sind, nicht als Hindernis bei der Suche nach Gerechtigkeit verstanden werden dürfen. Sie gewährleisten Gerechtigkeit bei der Rechtsgewinnung in dem Sinne, daß sie als Rahmen eine Vorbedingung erfüllen. Ob im
Einzelfall die gerechte Entscheidung gewonnen wird, hängt von den Menschen ab, die hierzu berufen sind; im Einzelfall wird immer nur eine unvoll-
kommene Annäherung an die Gerechtigkeit als Idee möglich sein. Henrich
(Im Namen des Volkes, S. 109, 219) weist aus leidvoller Erfahrung darauf
hin, daß ohne den „Gerechten", der bereit ist, im Ernstfall für das Recht zu
streiten, Gerechtigkeit nicht erlangt wird. Wenn er aber weiter ausführt,
daß ein solcher Mensch wichtiger als alle verfahrensrechtlichen Absiche-
rungen sei, muß ihm widersprochen werden. Denn der Mangel an „Gerechten" wächst mit dem Mangel an Rechtsstaatlichkeit, weil die wenigsten
Menschen zu Helden und Märtyrern geboren sind.

Jedenfalls kann und darf der Rechtsstaat Gerechtigkeit nicht schaffen,
indem er seine eigenen Maßstäbe preisgibt, weil diese Maßstäbe entwickelt
worden sind, um Ungerechtigkeiten möglichst zu verhindern. Wer also
nach Gerechtigkeit ruft und damit revolutionäre Gerechtigkeit oder eine
sonstige Gerechtigkeit der absoluten Wahrheit meint, überfordert nicht den
Rechtsstaat, sondern lehnt ihn – bewußt oder unbewußt – ab und gefähr-
det damit zugleich die eigene Freiheit. Unser Rechtsstaat will mehr, als nur
Unrecht vermeiden. Innerhalb seiner Formen können alle Entscheidungs-
träger dazu beitragen, daß der materielle Rechtsstaat, der an die Würde jedes
einzelnen anknüpft, die Gerechtigkeit verwirklicht. Es muß deutlich werden, daß derjenige, der statt Gerechtigkeit den Rechtsstaat erhält und deshalb unzufrieden ist, allenfalls auf dem Hintergrund der Sozialisation in
einer pervertierten Rechtsordnung Verständnis und Nachsicht verdient.
Wer diese These aber in der Bundesrepublik aus Enttäuschung über ein-
zelne Entscheidungen – des Parlaments, der Regierung oder der Gerichte –
unterstützt, muß sich nach seinem Verfassungsverständnis fragen lassen.
Denn eine Gesellschaft, die in Offenheit Argumente aufnimmt, dabei zugleich den Grundwerten der Verfassung verpflichtet bleibt, eine Gesell-

schaft, die in den Entscheidungsgremien in formalisierten Verfahren auf
– sich verändernde – Öffentlichkeit reagiert, nähert sich immerhin dem, was
für Menschen an irdischer Gerechtigkeit erreichbar ist.

Ausgewertete Literatur

1. Arnold, J., „Normales" Strafrecht der DDR, KritV 1994, S. 187
2. Engisch, K., Auf der Suche nach der Gerechtigkeit, 1971
3. Heuer, U.-J. (Hrsg.), Die Rechtsordnung der DDR. Anspruch und Wirklichkeit, 1995
4. Kaufmann, A. / Hassemer, W. (Hrsg.), Einführung in die Rechtsphilosophie und Rechtstheorie der Gegenwart, 5. Aufl., 1989
5. Lamprecht, R., Vom Mythos der Unabhängigkeit, 1995
6. Limbach, J., Richterliche Unabhängigkeit – ihre Bedeutung für den Rechtsstaat, Neue Justiz 1995, S. 281
7. Rottleuthner, H., Steuerung der Justiz in der DDR, 1994
8. Rüthers, B., Die unbegrenzte Auslegung, 1968
9. ders., Warum wir nicht genau wissen, was „Gerechtigkeit" ist, Festschrift für Zeidler, 1987, S. 19 ff.
10. ders., Das Ungerechte an der Gerechtigkeit, 1991
11. Seibert, H., Rechtsstaat und Gerechtigkeit, DJB, Dokumentation der 30. Arbeitstagung in Weimar, 1993, S. 10 bis 23
12. Simon, D. (Hrsg.), Rechtswissenschaft in der Bonner Republik, 1994
13. Simon, H., Grundrechte im demokratischen und sozialen Rechtsstaat, Festschrift für Benda zum 70. Geburtstag, 1995, S. 337
14. Schlink, B., Rechtsstaat und revolutionäre Gerechtigkeit, Neue Justiz, 1994, S. 433
15. Stolleis, M., Recht im Unrecht, 1994
16. Will, R., Rechtsstaatlichkeit als Moment demokratischer politischer Machtausübung, Deutsche Zeitschrift für Philosophie, 1989, S. 801 ff.
17. Im Namen des Volkes, Wissenschaftlicher Begleitband zur Ausstellung des Bundesministeriums der Justiz, 1994
18. Bericht der Enquête-Kommission „Aufarbeitung von Geschichte und Folgen der SED-Diktatur in Deutschland, BT-Drucks. 12/7820